W0187711

Abenteuer Wissen
DINOSAURIER

Text von Dr. Ian Jenkins
Illustrationen von Adrian Chesterman

Loewe

Originaltitel: The Explorer's Book of Dinosaurs
Copyright © Two-Can Publishing 2000

Firs published in Great Britain in 2000 by
Two-Can Publishing, a division on Zenith Entertainment plc
43-45 Dorset Street, London WIH 4AB

Text: Dr. Ian Jenkins, University of Bristol
Wissenschaftlicher Berater: Professor Michael Benton,
University of Bristol

Illustrationen: Adrian Chesterman
Cartoons: Geo Parkin

Bildnachweis:
Seite 4: Planet Earth; Seite 6: Bruce Coleman; Seite 14:
Natural History Museum, London; Seite 19: Robert
Wright/Denver Museum of Natural History; Seite 23:
Daniel Heulin/Natural History Photographic Agency; Seite
32: Natural History Museum, London; Seite 35: Logan &
Rota/American Museum of Natural History, Seite 37:
Oxford Scientific Films/Earth Scenes; Seite 40 u. 42:
Science Photo Library; Seite 45: Tony Stone Images

Die Deutsche Bibliothek — CIP-Einheitsaufnahme

Dinosaurier / Ian Jenkins.
Ill.: Adrian Chestermann.
Übers.: Andrea Koch.
— 1. Aufl.. — Bindlach : Loewe, 2000
(Abenteuer Wissen)
Einheitssacht.: The explorer's book of dinosaurs <dt.>
ISBN 3-7855-3900-2

ISBN 3-7855-3900-2 — 1. Auflage 2000
Copyright © für die deutschsprachige Ausgabe 2000
Loewe Verlag GmbH, Bühlstraße 4, 95463 Bindlach
Aus dem Englischen von Gudula Jungeblodt

Inhalt

Was ist ein Dinosaurier?

Dinosaurier waren urzeitliche **Reptilien**, die vor über 230 Millionen Jahren auftauchten. Diese erstaunlichen Tiere gab es in allen Größen und Formen. Manche waren so groß wie fünfstöckige Gebäude, andere nur so groß wie eine Katze. Dinosaurier ähnelten den heutigen Reptilien. Sie waren Landtiere, hatten schuppige Haut und legten ihre Eier in Nester.

▲ **Leguan**
Heutige Echsen wie dieser Leguan haben Beine, die seitlich vom Körper abstehen. Die Beine der Dinosaurier standen unter dem Körper.

Woher wissen wir das?
Über Dinosaurier können wir etwas durch ihre versteinerten Knochen erfahren, die man **Fossilien** nennt. Wissenschaftler, die diese Fossilien untersuchen, nennt man **Paläontologen**. Wenn die Paläontologen Dinosaurierfossilien finden, graben sie sie aus und bringen sie in ein Museum. Dort werden sie untersucht. Um ein ganzes Skelett nachzubauen, werden viele Einzelteile wie bei einem Puzzle zusammengesetzt. Das kann viele Jahre dauern, und oft fehlen einzelne Teile.

Schreckliche Echsen
Überreste von Dinosauriern wurden zuerst in England gefunden, etwa um 1820. Einer der ersten Paläontologen war Sir Richard Owen. Er fand die Knochen eines riesigen, seltsamen und sehr alten Reptils. Er nannte es nach den altgriechischen Wörtern ‚deinos‘ und ‚dauros‘ Dinosaurier, was so viel heißt wie ‚Schreckliche Echse‘.

▶ **Iguanodon**
Forscher haben das Skelett des Pflanzen fressenden Dinosauriers *Iguanodon* zusammengebaut.

Schwanzende
Mit seinem langen Schwanz konnte *Iguanodon* beim Laufen das Gleichgewicht halten.

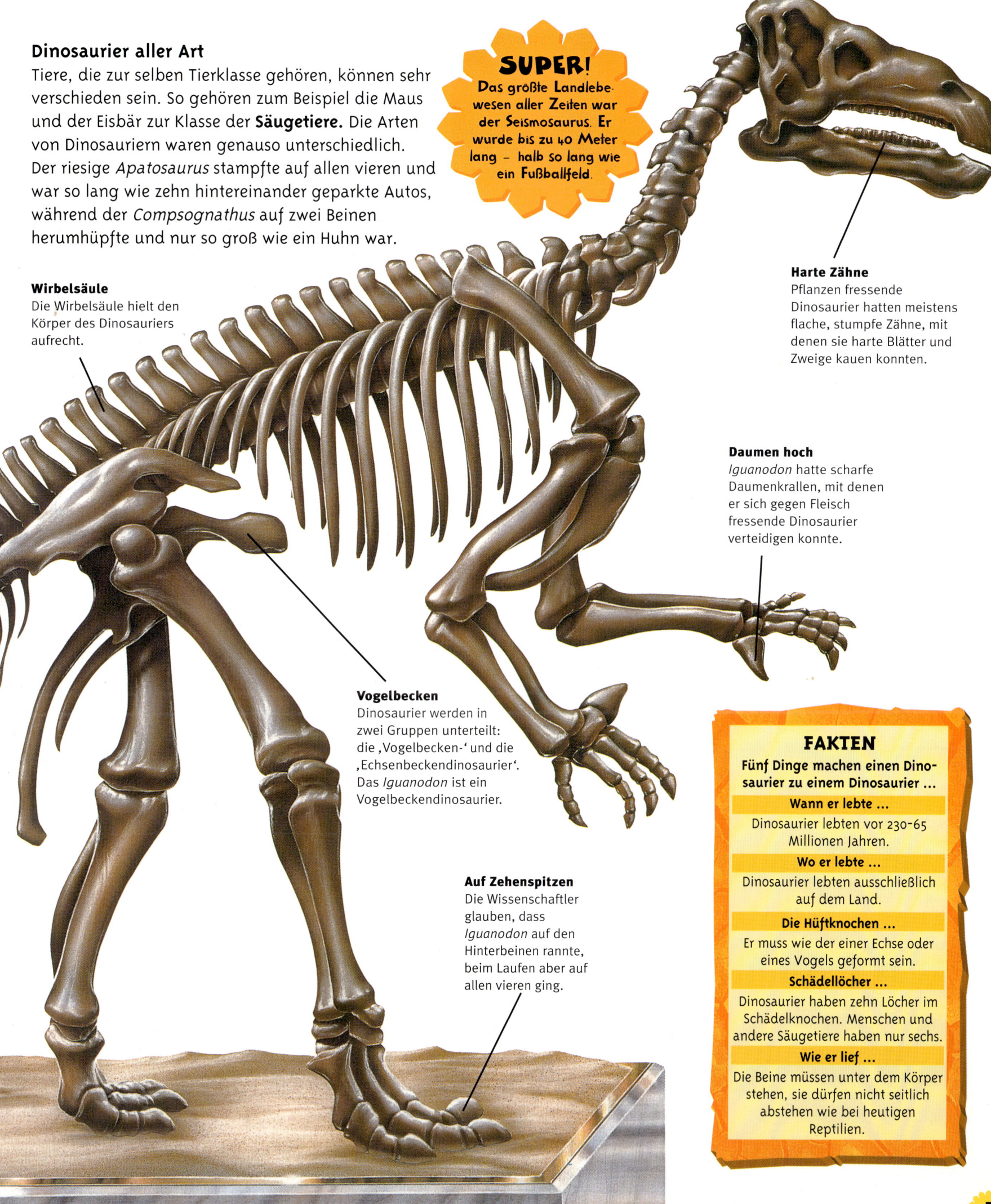

Dinosaurier aller Art

Tiere, die zur selben Tierklasse gehören, können sehr verschieden sein. So gehören zum Beispiel die Maus und der Eisbär zur Klasse der **Säugetiere.** Die Arten von Dinosauriern waren genauso unterschiedlich. Der riesige *Apatosaurus* stampfte auf allen vieren und war so lang wie zehn hintereinander geparkte Autos, während der *Compsognathus* auf zwei Beinen herumhüpfte und nur so groß wie ein Huhn war.

SUPER!
Das größte Landlebewesen aller Zeiten war der Seismosaurus. Er wurde bis zu 40 Meter lang – halb so lang wie ein Fußballfeld.

Wirbelsäule
Die Wirbelsäule hielt den Körper des Dinosauriers aufrecht.

Harte Zähne
Pflanzen fressende Dinosaurier hatten meistens flache, stumpfe Zähne, mit denen sie harte Blätter und Zweige kauen konnten.

Daumen hoch
Iguanodon hatte scharfe Daumenkrallen, mit denen er sich gegen Fleisch fressende Dinosaurier verteidigen konnte.

Vogelbecken
Dinosaurier werden in zwei Gruppen unterteilt: die ‚Vogelbecken-‘ und die ‚Echsenbeckendinosaurier‘. Das *Iguanodon* ist ein Vogelbeckendinosaurier.

Auf Zehenspitzen
Die Wissenschaftler glauben, dass *Iguanodon* auf den Hinterbeinen rannte, beim Laufen aber auf allen vieren ging.

FAKTEN
Fünf Dinge machen einen Dinosaurier zu einem Dinosaurier …

Wann er lebte …
Dinosaurier lebten vor 230–65 Millionen Jahren.

Wo er lebte …
Dinosaurier lebten ausschließlich auf dem Land.

Die Hüftknochen …
Er muss wie der einer Echse oder eines Vogels geformt sein.

Schädellöcher …
Dinosaurier haben zehn Löcher im Schädelknochen. Menschen und andere Säugetiere haben nur sechs.

Wie er lief …
Die Beine müssen unter dem Körper stehen, sie dürfen nicht seitlich abstehen wie bei heutigen Reptilien.

Fossilien

Fossilien sind die uralten versteinerten Überreste von Lebewesen. Tierfossilien können Zähne, Knochen, Eier oder sogar Kot sein. Auch Fußabdrücke, Spuren oder Wohnhöhlen können versteinert sein. Man nennt das Spurenfossilien. **Paläontologen** graben nach allen Arten von Fossilien, um herauszufinden, wie das Leben auf der Erde vor Millionen von Jahren war.

Wie Fossilien entstehen

Die besterhaltenen Fossilien stammen von Dinosauriern, die in einem Fluss, Sumpf oder Meer starben. Der Körper wurde schnell von Sand und Schlamm bedeckt, wodurch die Überreste gut erhalten blieben. Innerhalb von Millionen von Jahren wurden die Dinosaurierknochen, der Sand und der Schlamm zu Stein. Während das tief unter der Erde vor sich ging, trockneten Seen und Flüsse aus, Berge entstanden und neue Seen wurden geboren. So kommt ein Dinosaurier, der viele Millionen Jahre lang unter dem Meer begraben war, am Gipfel eines Berges wieder zum Vorschein!

▶ **Diese Bilder zeigen, wie das Fossil eines Dinosauriers entsteht.**

▲ **Versteinerter Fisch**
Paläontologen haben die versteinerten Überreste von Fischen, Pflanzen, Insekten, kleinen Meerestieren und auch die großer Tiere gefunden. Dieses Bild zeigt das Fossil eines Fisches, der vor über 150 Millionen Jahren im Meer schwamm.

1 Tod eines Dinosauriers
Ein Dinosaurier stirbt eines natürlichen Todes – vielleicht an Altersschwäche. Der Körper wird ins Meer gespült und sinkt auf den Grund. Die Weichteile verwesen.

2 Schicht um Schicht
Schichten von Schlamm und Sand bedecken die Knochen. Nach und nach wird alles hart und versteinert. So entsteht ein Fossil.

3 Erde im Wandel
In Millionen von Jahren bewegen sich die Gesteinsschichten und verändern ihre Form. Alte Steine aus dem Inneren der Erde wandern an die Oberfläche und mit ihnen die Fossilien.

Detektivarbeit

Paläontologen können durch die Untersuchung von Fossilien alles Mögliche herausfinden. Sie können zum Beispiel anhand eines Zahnes erkennen, ob der Dinosaurier Fleisch oder Pflanzen fraß. Scharfe Zähne zeigen, dass er Fleischfresser war. Stumpfe Zähne bedeuten, dass er damit Pflanzen kaute. Wenn der Mageninhalt des Dinosauriers erhalten ist, kann man genau sagen, was er zuletzt gefressen hat.

4 Fossilien in Sicht
An der Oberfläche waschen Wind und Regen das Gestein um die Fossilien ab und legen sie frei. Paläontologen graben die Knochen aus.

Fossilien auf Reisen

Vor Millionen von Jahren gab es auf der Erde nur einen einzigen **Kontinent**. Mit der Zeit zerbrach er, und die Teile drifteten auseinander. Wenn Paläontologen Dinosaurierknochen ausgraben, wissen sie, dass sie zusammen mit den Kontinenten tausende von Kilometern gereist sind.

WIE SICH DIE WELT VERÄNDERTE

Vor 210 Millionen Jahren bildeten alle Kontinente einen einzigen Riesenkontinent, der **Pangäa** genannt wird. Dinosaurier konnten sich überall auf dem Kontinent ausbreiten.

Plateosaurus lebte da, wo heute Deutschland und Südafrika liegen.

Vor etwa 120 Millionen Jahren begann Pangäa auseinander zu brechen. Neue Kontinente und Meere entstanden. Die Dinosaurier konnten sich nicht mehr überall ausbreiten.

Iguanodon lebte im heutigen Nordamerika, Europa und Asien. Er konnte nicht nach Süden, weil ein Meer dazwischen lag.

Heute gibt es sieben Kontinente. Die Dinosaurierfossilien waren mit den Kontinenten tausende von Kilometern gewandert.

Die Fossilien von *Plateosaurus* und *Iguanodon* sind heute über die ganze Welt verstreut.

Dinosaurierarten

Es gibt über 700 verschiedene Arten von Dinosauriern, vielleicht auch noch viele mehr, die wir noch nicht entdeckt haben. Wissenschaftler haben die Dinosaurier in Gruppen eingeteilt, nach der Form ihrer Knochen, ihren Fressgewohnheiten oder ihrem Aussehen. Um das leichter erklären zu können, zeichnen die Dinosaurierforscher solche Familienstammbäume.

Dinosauriergruppen

Die ersten Dinosaurier lebten vor 230 Millionen Jahren. **Paläontologen** unterteilen die frühen Dinosaurier in zwei Gruppen: die ‚Vogelbecken'- und die ‚Echsenbeckendinosaurier'. Innerhalb dieser Gruppen gibt es sieben Untergruppen, die gemeinsame Merkmale haben. Manche haben Knochenplatten, andere sind riesengroß oder sie haben Hörner oder Vogelfüße. Alle Dinosaurier gehören zu einer der sieben Gruppen.

▼ **Das Leben auf der Erde**
Das Leben auf der Erde entstand vor drei Milliarden Jahren im Wasser. Nach und nach entwickelten sich aus primitiven Wesen richtige Tiere. Einige gingen an Land und atmeten mit Lungen. Nach vielen Millionen Jahren entstanden die Dinosaurier.

ORNITHISCHIER

Die ‚Vogelbeckendinosaurier' waren alle Pflanzenfresser. Sie spalteten sich in fünf Gruppen auf.

vor 227 Millionen Jahren

vor 200-65 Millionen Jahren

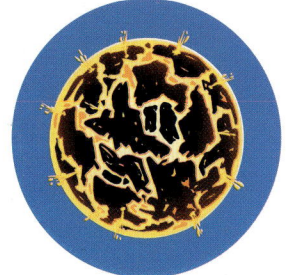

ORNITHOPODEN

Die ‚Vogelfußdinosaurier' rannten auf zwei Beinen, liefen aber auf allen vieren. Zu ihnen gehören die ‚Entenschnabeldinosaurier'.

STEGOSAURIER

Die ‚Dachziegelechsen' waren große Dinosaurier mit Stacheln und Knochenplatten. Sie gingen auf vier Beinen.

ANKYLOSAURUS

Die ‚Panzerdinosaurier' gingen auf allen vieren. Ankylosaurier waren mit schweren, schützenden Knochenplatten bedeckt.

Vor 4,5 Millionen Jahren war die Erde ein glühender Ball aus flüssigem Gestein. Sie kühlte langsam ab. Das Festland, die Meere und die **Atmosphäre** entstanden.

Vor 3 Milliarden Jahren traten die ersten Lebensformen im Meer auf. Millionen Jahre später entwickelten sich langsam Quallen, Würmer und Schwämme.

Vor 375 Millionen Jahren krochen fischähnliche Wesen, die mit Lungen atmeten, an Land. Man nennt sie **Amphibien**.

Vor 320 Millionen Jahren erschienen die ersten Reptilien. Sie hatten schuppige Haut und abgespreizte Beine. Dinosaurier gehören zu den Reptilien.

Dinosaurier-Stammbaum

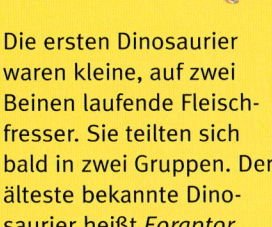

Die ersten Dinosaurier waren kleine, auf zwei Beinen laufende Fleischfresser. Sie teilten sich bald in zwei Gruppen. Der älteste bekannte Dinosaurier heißt *Eoraptor*.

vor 230 Millionen Jahren

SAURISCHIER

Die ‚Echsenbeckendinosaurier' fraßen Fleisch oder Pflanzen. In Millionen von Jahren teilten sie sich in zwei Gruppen.

vor 227 Millionen Jahren

vor 200-65 Millionen Jahren

CERATOPIER

Die ‚Horndinosaurier' gingen auf vier Beinen. Sie hatten Knochenschilde und Hörner auf dem Kopf.

PACHYCEPHALOSAURIER

Die ‚Dickkopfdinosaurier' hatten dicke, verknöcherte Schädel. Alle Mitglieder dieser Familie gingen auf zwei Beinen.

SAUROPODEN

‚Echsenfußdinosaurier' heißt die Familie der riesigen, langhalsigen Pflanzenfresser. Sie gingen auf allen vieren.

THEROPODEN

Die ‚Raubtierfußdinosaurier' gingen auf zwei Beinen. Einige Theropoden waren riesig, andere winzig. Alle waren Fleischfresser.

Vor 230 Millionen Jahren tauchten die ersten Dinosaurier auf. Sie waren so groß wie Menschen. Sie waren die Vorfahren der Riesensaurier.

Vor 140 Millionen Jahren lebten die ersten Vögel und **Säugetiere**. Langsam verdrängten sie die Dinosaurier und beherrschten die Erde.

Vor 65 Millionen Jahren starben die Dinosaurier aus. Vielleicht war der Grund ein **Meteorit**. Säugetiere, Insekten und andere Tiere überlebten.

Vor 2 Millionen Jahren wanderten die ersten aufrecht gehenden Menschen über die Erde. Sie stellten Werkzeuge her und benutzten Feuer. Sie lernten zu sprechen.

Das Reich der Dinosaurier

Dinosaurier lebten 165 Millionen Jahre auf der Erde. Diese Zeit nennt man **Mesozoikum**. Wissenschaftler unterteilen diese Epoche in drei kleinere Zeitspannen, die man **Trias, Jura** und **Kreidezeit** nennt. Während des Mesozoikums gab es keine Eiskappen auf den Polen, und das **Klima** war sehr warm. Dinosaurier gab es überall.

SUPER!
Die ersten Vögel traten während des Jura auf. Sie sind mit den Dinosauriern verwandt!

Trias (vor 250-205 Millionen Jahren)
Während der Triaszeit wurde **Pangäa** von **Reptilien** beherrscht. Die Erde sah damals ganz anders aus. Das Klima war heiß und trocken, frühe Pflanzen wie Schachtelhalme, Farne und Araukarien bedeckten das Land. In der Mitte der Triaszeit tauchten die ersten Dinosaurier auf.

Plateosaurus

Mussaurus

Herrerasaurus

Jura (vor 205-145 Millionen Jahren)

Während der Jurazeit war es viel feuchter als in der Trias. Pangäa begann, auseinander zu brechen, und der Atlantische Ozean entstand. Der Wind brachte Regen in trockene Gegenden, wo nun mehr Pflanzen wachsen konnten. Große Nadelbäume, Palmfarne und Farnkraut gaben den Dinosauriern Futter.

◄ Diplodocus

◄ Allosaurus

◄ Stegosaurus

Kreidezeit (vor 145-65 Millionen Jahren)

Während dieser Zeit gab es große Veränderungen. Die **Kontinente** brachen auseinander, das Land wurde überflutet, und Vulkane brachen aus. Am Ende der Kreidezeit starben die Dinosaurier aus ungeklärten Gründen aus.

▼ Brachiosaurus

◄ Baryonyx

◄ Triceratops

Dino-Futter

Die ersten Dinosaurier waren **Fleischfresser**. Ein hungriger **Fleischfresser** fraß alles, was er erwischen konnte! Später tauchten Pflanzen fressende Dinosaurier auf. Die großen **Pflanzenfresser** grasten den ganzen Tag, immer auf der Hut vor den gierigen Fleischfressern, die auf Beutefang waren. Dinosaurier, die Pflanzen, Insekten und kleine Reptilien fraßen, nennt man **Allesfresser**.

DINO-MENÜ

Hungrig? Such dir eines der leckeren Dinofresschen aus ....

FLEISCHGERICHTE
◆ Spezialität: frisch gefangener Baby-Mussaurus
◆ fangfrischer Fisch
◆ frische Dinoeier
◆ Plateosaurusrippchen
◆ gemischte Platte mit Fliegen, Käfern und Tausendfüßlern
◆ Eidechsen-Geschnetzeltes (auch mit anderen Echsen)

VEGETARISCHE GERICHTE
◆ Spezialität: Cykadeen-Farn-Salat
◆ Kiefernnadelsalat
◆ Früchtebecher
◆ Samenüberraschung

◀ Barosaurus

▼ Ceratosaurus

▼ Compsognathus

Nur Fressen im Kopf

Vom größten bis zum kleinsten waren alle Dinosaurier ständig auf Nahrungssuche. *Barosaurus*, die ‚Schwere Echse‘, war ein turmhoher **Pflanzenfresser**, der jeden Tag Tonnen von Blättern von den Baumkronen knabberte. *Ceratosaurus*, die ‚Hornechse‘, bevorzugte frisches Fleisch. Der hühnergroße **Allesfresser** *Compsognathus*, der ‚Hübsche Kiefer‘, suchte nach Insekten, Samen und anderen Leckerbissen.

Beim Fischen

Baryonyx, die ‚Schwere Kralle', war ein seltsam aussehender Dinosaurier mit einem Kopf wie ein Alligator. Er war **Fleischfresser**, fraß aber auch ganz gern mal Fisch. *Baryonyx* watete auf den Hinterbeinen in flachen Flüssen und Seen, um zu fischen. Woher wissen wir das? Wissenschaftler fanden einen versteinerten *Baryonyx*, der halb verdaute Fischgräten im Bauch hatte!

▶ **Baryonyx**

SUPER!
Dort, wo Baryonyx früher jagte, liegt heute die Stadt London!

MAHLZEIT

Ein kleiner Pflanzenfresser, *Camptosaurus*, entfernt sich von seiner Herde, um in Ruhe zu futtern. Langsam und leise nähert sich ein großer, hungriger, Fleisch fressender *Ceratosaurus*.

Ceratosaurus wartet geduldig den richtigen Moment ab und stürzt sich dann auf den kleinen Pflanzenfresser. Jetzt ist *Ceratosaurus* mit Fressen dran!

Später kommt ein kleiner, Fleisch fressender *Coelurus* vorbei und tut sich an den Resten von *Camptosaurus* gütlich. Aber wie lange wird es dauern, bis er selbst als Pausensnack für einen anderen Saurier dient?

13

Fleischfresser

Alle Fleisch fressenden Dinosaurier gehörten zu den **Theropoden**, den ‚Raubtierfußdinosauriern'. Sie hatten scharfe, gebogene Zähne mit spitzen Enden wie Sägeblätter. Einige Theropoden wie *Compsognathus* waren klein und leicht. Andere wie *Megalosaurus* und *Tyrannosaurus rex* gehörten zu den größten Fleischfressern, die jemals auf der Erde gelebt haben. Sie müssen einen Furcht erregenden Anblick geboten haben!

▲ **Mega-Kieferknochen**
Dieser versteinerte Kieferknochen gehörte einem *Megalosaurus*. Der gewaltige Kiefer und die langen, gebogenen Zähne waren ideal zum Töten der Beute.

Mega-Fleischliebhaber
Megalosaurus war so schwer wie ein Nashorn und wog bis zu drei Tonnen. Wahrscheinlich konnte er flinken Beutetieren nicht hinterherlaufen. Stattdessen nutzte er sein enormes Gewicht, um kleinere **Fleischfresser** und langsamere **Pflanzenfresser** zu erledigen. Vielleicht fraß er auch Aas von toten Dinosauriern, das er kleineren Räubern abjagte.

▶ **Megalosaurus**

SUPER!
Manche Dinosaurier fraßen Mitglieder ihrer eigenen Familie. In Mägen von Coelophysis wurden Skelette kleinerer Coelophysis gefunden – lecker!

Gekrallt!

Theropoden hatten entweder zwei oder drei Finger mit kräftigen, gebogenen Krallen. Mit diesen tödlichen Klauen konnten sie ihrer Beute mit einem Schlag den Bauch aufschlitzen. Der große Theropode *Deinocheirus*, die ‚Schreckenskralle', war so groß, dass ein Kind in seiner Klaue Platz gehabt hätte — huch!

VERBRECHERKARTEI

Wer war der schrecklichste Fleischfresser aller Zeiten? Hier eine Liste mit Verdächtigen ...

Tyrannosaurus rex hatte einen großen Kopf, einen kräftigen Kiefer und lange Zähne. Er konnte bis zu 230 Kilo Saurierfleisch auf einmal fressen.

Velociraptor war nicht größer als ein Wolf, aber ungeheuer gefährlich wegen seiner Sichelklaue, mit der er seine Beute angriff.

Carnotaurus hatte einen kurzen, bulligen Kopf. Genau über den Augen saßen zwei spitze Hörner, die ideal zum Zustoßen waren!

Allosaurus konnte sein Maul unglaublich weit aufreißen. Er hatte über 70 Zähne, die sogar aus riesigen Dinosauriern Hackfleisch machten.

Tyrannosaurus rex

Vor siebzig Millionen Jahren war er der gefürchtetste aller Dinosaurier: der gewaltige *Tyrannosaurus rex*. Dieser **Fleischfresser**, dessen Name ‚König der Echsen' bedeutet, war einer der mächtigsten Dinosaurier, die jemals gelebt hatten. Obwohl er der berühmteste aller Dinosaurier ist, wurden bisher nur sieben Skelette gefunden. Alle Paläontologen träumen davon, noch eines zu entdecken.

FAKTEN

Dinosauriergruppe
Theropoden

Wann *Tyrannosaurus rex* lebte
vor 70 Millionen Jahren

Körpermaße
Höhe 4,5 Meter
Länge 12 Meter

Gewicht
7 Tonnen

Fossilienfunde
Nordamerika

Lieblingsfutter
Fleisch – tot oder lebendig!

Schlimmster Feind
ein größerer *Tyrannosaurus*

Schrecklicher Jäger

Tyrannosaurus rex war der letzte aller Raubdinosaurier und einer der tödlichsten. Dieser Theropode hatte einen riesigen Körper und einen Kopf, der so lang war wie ein Mensch. Wie *Megalosaurus* konnte er nicht springen, weshalb er vielleicht auf Überraschungsangriffe baute. Alleine oder zu zweit streckte er seine Beute nieder, vorzugsweise junge, alte oder schwache Opfer. An einem guten Tag kam er vielleicht in den Genuss einer Gratismahlzeit, wenn er ein totes Tier fand.

Reißzähne
Tyrannosaurus rex hatte etwa 60 rasiermesserscharfe Zähne, jeder um die 18 cm lang. Das ist zwanzig Mal größer als deine eigenen Zähne!

Gewaltige Kiefer
Tyrannosaurus rex hatte den schwersten Schädel und die längsten Kiefer aller Theropoden.

Donnerbeine
Tyrannosaurus rex brauchte lange Beinknochen und riesige Muskeln, um seinen massigen Körper tragen zu können.

Knopfaugen
Tyrannosaurus rex hatte winzige Augen im Vergleich zu seiner Größe. Wahrscheinlich benützte er seinen Geruchssinn, um seine Beute aufzuspüren.

Zu früh gefreut

Als Paläontologen 1902 den ersten *Tyrannosaurus rex* fanden, dachten sie, er wäre der größte Fleischfresser, der jemals gelebt hatte. Aber 1955 gruben Forscher in Argentinien einen noch größeren Dinosaurier aus, den sie *Gigantosaurus* nannten. Und 1999 entdeckte man schließlich einen noch größeren. Man hat noch keinen Namen für ihn gefunden, aber neben ihm sehen die anderen richtig mickrig aus!

SUPER!
Der größte Tyrannosaurus wurde 1990 in Süddakota in den USA gefunden. Sein Skelett wurde für etwa 15 Millionen DM an ein Museum in Chicago verkauft.

Krasse Krallen
Die Arme endeten in zwei Fingern mit Krallen, die so lang wie die Hand eines Erwachsenen waren.

Bewaffnet und gefährlich
Man weiß nicht, warum der *Tyrannosaurus* so kurze Arme hatte. Sie reichten nicht mal bis zu seinem Maul. Vielleicht stützte er sich mit ihnen beim Aufstehen vom Boden ab.

Pflanzenfresser

Die **Sauropoden** waren eine der erstaunlichsten Dinosaurierarten. Diese Pflanzenfresser waren so riesig, dass nur wenige **Fleischfresser** es wagten, sie anzugreifen. Sauropoden hatten einen gigantischen Schwanz, einen langen Hals und einen kleinen Kopf. Weil ihre Mäuler so klein waren, mussten die sanften Riesen den ganzen Tag fressen, damit ihr großer Körper genug Nahrung bekam.

▶ **Euhelopus**

Her mit den Steinen!

Euhelopus fraß wie alle Sauropoden täglich tonnenweise Grünzeug. Es war jedoch schwierig, mit den kurzen, stumpfen Zähnen ledrige Blätter und harte Pflanzen zu zerkauen. Forscher haben herausgefunden, wie die Sauropoden dieses Problem lösten. Man fand viele Skelette mit Steinen im Bauch. Wahrscheinlich fraßen *Euhelopus* und seine Verwandten Steine, die man auch **Gastrolithen** nennt, um die Pflanzenteile zu zerreiben und sie somit besser verdauen zu können.

WUSCH!

▶ **Mamenchisaurus**

Peitschenschläge

Diplodocus war ein geselliges Wesen, das in Herden lebte. Die großen Männchen beschützten die Weibchen und ihre Jungen vor **Theropoden** wie *Allosaurus*, die um die Herden herumschlichen um ein Baby oder ein krankes Tier zu schnappen. Aber *Diplodocus* hatte eine Geheimwaffe — beim ersten Anzeichen von Gefahr schlug er mit seinem Schwanz aus wie mit einer Peitsche und erledigte damit jedes Raubtier.

Monsterhals

Mamenchisaurus, ein Sauropode, den man in China fand, hatte den längsten Hals. Bei einer Länge von 15 Metern sollte man eigentlich denken, dass er ihn gar nicht mehr tragen konnte. Untersuchungen von versteinerten Wirbelknochen von *Mamenchisaurus* haben gezeigt, dass sie so dünn wie Eierschalen und deshalb sehr leicht waren.

Gleichgewicht

Diplodocus, der ‚Doppelbalken', hatte einen riesigen Hals, der von einem langen, peitschenartigen Schwanz ausbalanciert wurde, der aus bis zu 80 Knochen bestand. Ohne ihn wäre er kopfüber gekippt.

▲ **Diplodocus**
Das längste vollständig erhaltene Dinosaurierskelett, das bisher gefunden wurde, gehört einem *Diplodocus*. Mit 27 Metern ist es länger als ein Tennisplatz.

Apatosaurus

Wenn *Apatosaurus*, die ‚Donnerechse', vorbeiging, bebte die Erde. Dieser **Sauropode** wog etwa 30 Tonnen, das ist so viel wie fünf afrikanische Elefanten. Wie alle Sauropoden hielt *Apatosaurus* beim Laufen wahrscheinlich Hals und Schwanz ausgestreckt. Obwohl er auch die hohen Baumkronen erreichen konnte, fraß der **Pflanzenfresser** am liebsten Farne, Koniferen und andere saftige Pflanzen, die näher am Boden wuchsen.

Beinarbeit

Es ist kaum zu glauben, aber **Paläontologen** meinen, dass *Apatosaurus* auf den Hinterbeinen stehen konnte. Das könnte eine wirkungsvolle Verteidigungstaktik gewesen sein. Selbst der abgebrühteste **Theropode** hätte beim Anblick dieses Riesen Reißaus genommen.

Fressen macht durstig

Wenn Apatosaurus sich bückte, um zu trinken, fraß er gleich ein paar saftige Wasserpflanzen.

Langer Hals

Der Hals dieses Dinosauriers war so lang, dass er nur einen sehr kleinen Kopf tragen konnte.

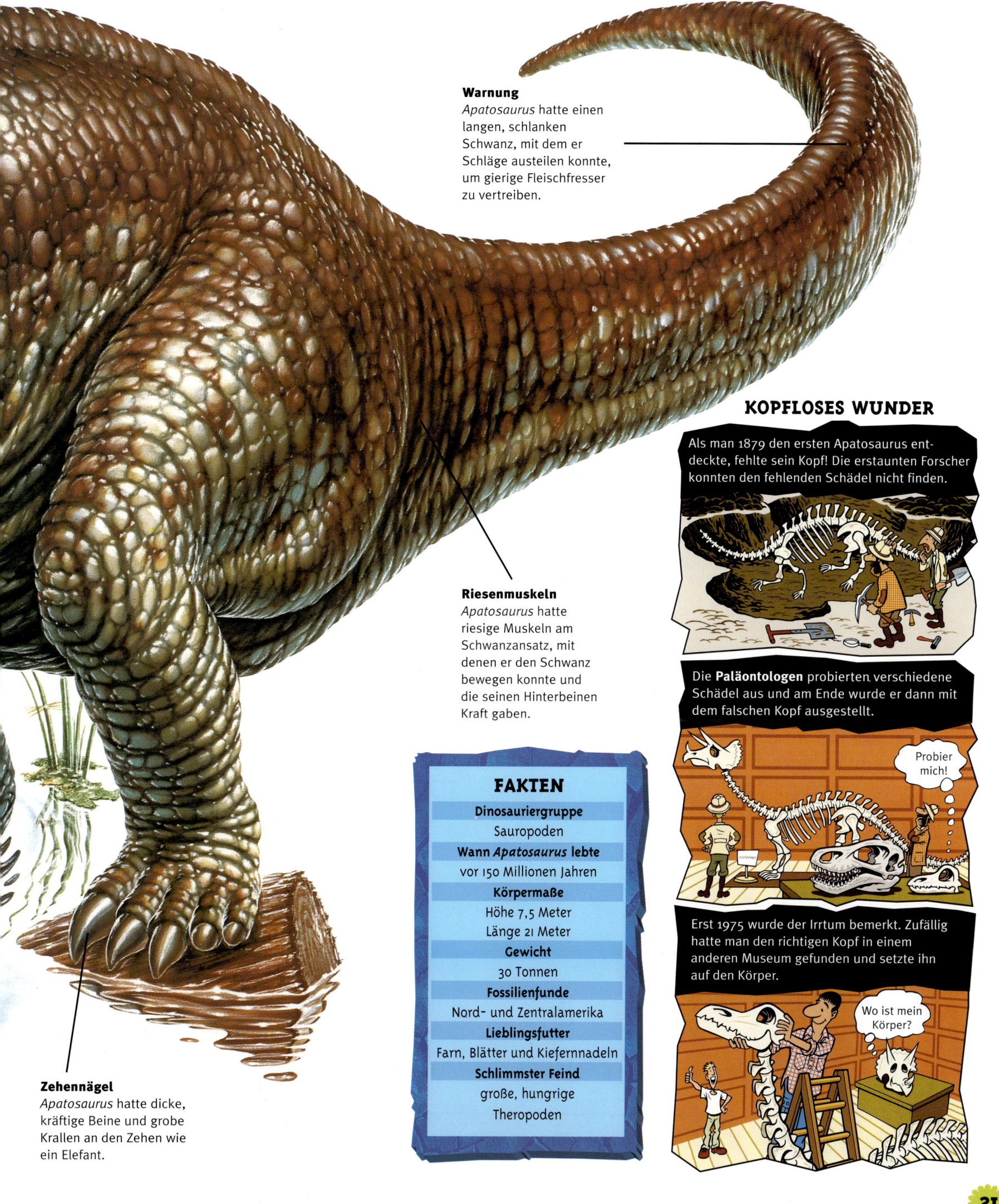

Warnung
Apatosaurus hatte einen langen, schlanken Schwanz, mit dem er Schläge austeilen konnte, um gierige Fleischfresser zu vertreiben.

Riesenmuskeln
Apatosaurus hatte riesige Muskeln am Schwanzansatz, mit denen er den Schwanz bewegen konnte und die seinen Hinterbeinen Kraft gaben.

Zehennägel
Apatosaurus hatte dicke, kräftige Beine und grobe Krallen an den Zehen wie ein Elefant.

FAKTEN

Dinosauriergruppe
Sauropoden

Wann *Apatosaurus* lebte
vor 150 Millionen Jahren

Körpermaße
Höhe 7,5 Meter
Länge 21 Meter

Gewicht
30 Tonnen

Fossilienfunde
Nord- und Zentralamerika

Lieblingsfutter
Farn, Blätter und Kiefernnadeln

Schlimmster Feind
große, hungrige Theropoden

KOPFLOSES WUNDER

Als man 1879 den ersten Apatosaurus entdeckte, fehlte sein Kopf! Die erstaunten Forscher konnten den fehlenden Schädel nicht finden.

Die **Paläontologen** probierten verschiedene Schädel aus und am Ende wurde er dann mit dem falschen Kopf ausgestellt.

Probier mich!

Erst 1975 wurde der Irrtum bemerkt. Zufällig hatte man den richtigen Kopf in einem anderen Museum gefunden und setzte ihn auf den Körper.

Wo ist mein Körper?

Unterwegs

Dinosaurier waren die meiste Zeit des Tages unterwegs, auf der Suche nach Futter oder auf der Flucht vor Raubtieren. Die schnellen, auf zwei Beinen laufenden **Fleischfresser** lebten alleine oder in kleinen Rudeln. Die **Pflanzenfresser** lebten in großen Herden und durchstreiften Farnhaine und Wälder auf der Suche nach neuen Weidegründen. **Paläontologen** glauben, dass manche **Wandertiere** waren, wie die heutigen Bisons.

Fußarbeit

Gegen Ende der **Kreidezeit** gab es mehr Dinosaurier als jemals zuvor. Einige waren besonders schnell, um Beute zu jagen oder Angreifern entkommen zu können. Andere waren schwer und langsam. Versteinerte Fußabdrücke erzählen uns viel über die Art, wie sie sich fortbewegten. Eine einzige Spur sagt uns, dass ein Dinosaurier alleine war. Eine Herde hinterließ viele Fußspuren.

Bagaceratops
Diese Pflanzenfresser kehrten jedes Jahr an denselben Ort zurück, um ihre Nester zu bauen. Sie zogen in gemächlichem Tempo in großen Herden umher.

Ornithomimus
Die leichtesten Dinosaurier waren oft die schnellsten. Diese zweibeinigen **Allesfresser** rannten in kleinen Herden herum, mit einer Geschwindigkeit bis zu 32 km/h.

Tarbosaurus
Dieser **Theropode** jagte am liebsten alleine. Seine Höchstgeschwindigkeit lag bei 12 km/h. Das bedeutet, dass ihm viele Dinosaurier leicht entkamen.

Titanosaurus
Diese riesenhaften Sauropoden lebten in langsam wandernden Herden. Auch wenn sie mit nur 6 km/h dahintrotteten, legten sie weite Entfernungen zurück.

SUPER!
Die Fußabdrücke von Titanosaurus sind fast 1 Meter breit. Da kann man drin sitzen!

Dinosaurierspuren

Paläontologen vergleichen die Fußknochen von Dinosauriern mit versteinerten Abdrücken, um herauszufinden, welcher Dinosaurier welche Spuren hinterließ. Wenn sie den passenden Abdruck gefunden haben, messen sie die Länge des Beines und den Abstand zwischen den Schritten. Kurze Schritte bedeuten, dass das Tiere langsam ging, lange zeigen, dass es rannte. Du kannst das selber ausprobieren, wenn du auf feuchtem Sand läufst.

▲ **Versteinerte Fußspuren**
Diese versteinerte Fußspur stammt wahrscheinlich von einem rennenden Theropoden. Man fand sie in Kamerun, Afrika.

Struthiomimus

Struthiomimus war der Schnelläufer unter den Dinosauriern. Beim ersten Anzeichen von Gefahr raste er los und entkam in großen Schritten den zuschnappenden Kiefern eines Raubtiers. Der **Allesfresser** *Struthiomimus* hatte kräftige Oberschenkelmuskeln, die seinen langen, dünnen Beinen Kraft gaben. Er musste schnell sein, weil er weder Hörner, noch Panzer oder Zähne hatte, um sich zu verteidigen.

Schwanzdrehung
Um sich schnell umdrehen zu können, hielt *Struthiomimus* seinen Schwanz nach hinten ausgestreckt, um das Gleichgewicht zu halten, und schwang ihn hin und her.

Schneller Struthiomimus
Struthiomimus lebte in kleinen Herden, die über die Tiefebenen sausten. Anders als viele langsame Dinosaurier hatte er große Augen, mit denen er gut und weit sehen konnte. So war er vor Überraschungsangriffen sicher. *Struthiomimus* war ebenso schnell wie wendig. Mit seinem kurzen, kompakten Körper und dem kräftigen, gestreckten Schwanz konnte er blitzschnell die Richtung wechseln und Dinosauriern entkommen, die nicht so schnell zu Fuß waren.

SUPER!
Struthiomimus war so schnell wie ein Rennpferd und er hätte mit Leichtigkeit einen Olympiakämpfer beim 100-Meter-Lauf besiegt.

Kraft in den Beinen
Struthiomimus erreichte wahrscheinlich Geschwindigkeiten von 50 km/h.

Handarbeit
Bewegliche Hände mit drei Fingern und langen Krallen erleichterten es ihm, Früchte zu pflücken oder Zweige von Bäumen und Büschen zu reißen.

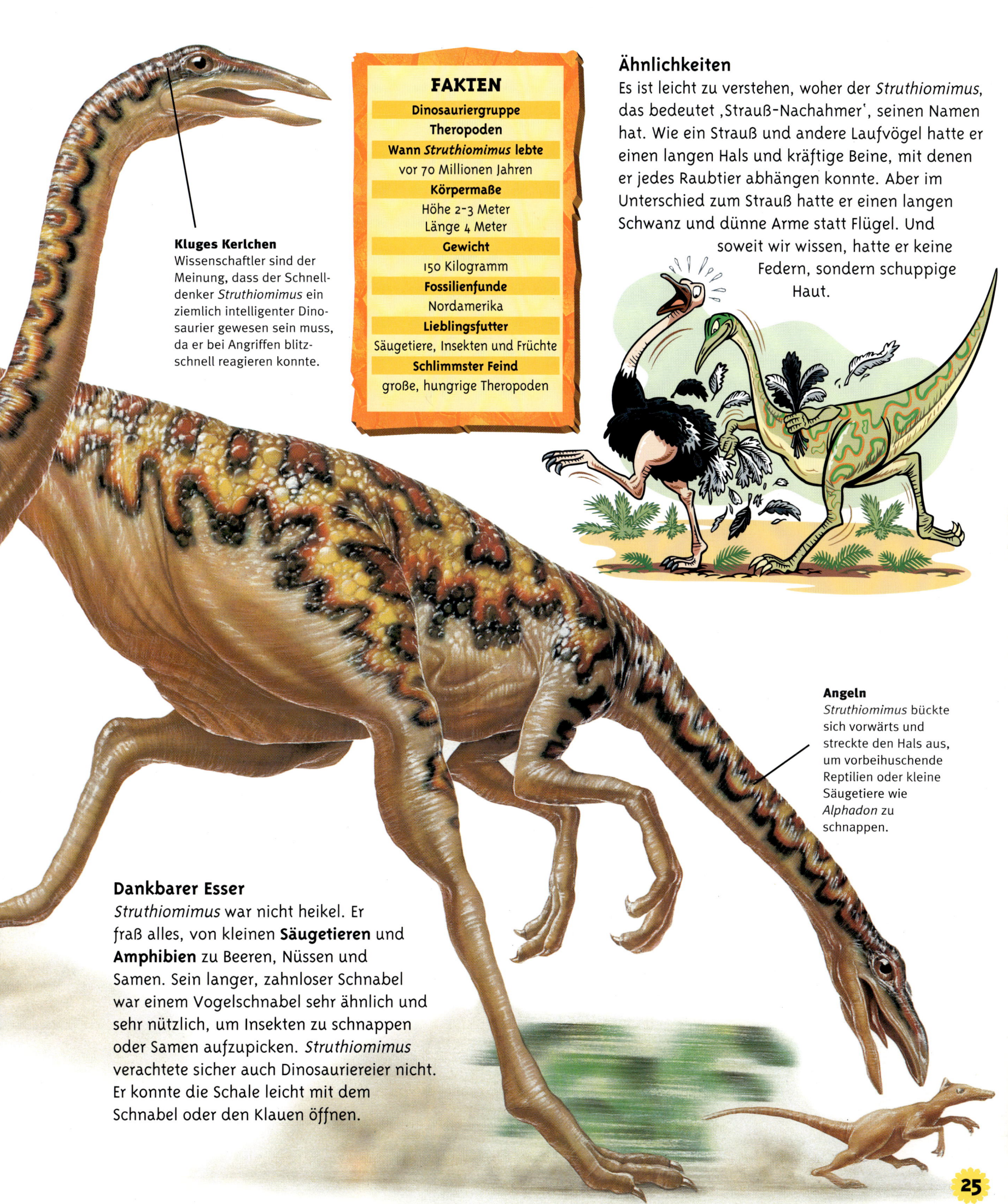

Kluges Kerlchen
Wissenschaftler sind der Meinung, dass der Schnelldenker *Struthiomimus* ein ziemlich intelligenter Dinosaurier gewesen sein muss, da er bei Angriffen blitzschnell reagieren konnte.

FAKTEN

Dinosauriergruppe
Theropoden

Wann *Struthiomimus* lebte
vor 70 Millionen Jahren

Körpermaße
Höhe 2–3 Meter
Länge 4 Meter

Gewicht
150 Kilogramm

Fossilienfunde
Nordamerika

Lieblingsfutter
Säugetiere, Insekten und Früchte

Schlimmster Feind
große, hungrige Theropoden

Ähnlichkeiten

Es ist leicht zu verstehen, woher der *Struthiomimus*, das bedeutet ,Strauß-Nachahmer', seinen Namen hat. Wie ein Strauß und andere Laufvögel hatte er einen langen Hals und kräftige Beine, mit denen er jedes Raubtier abhängen konnte. Aber im Unterschied zum Strauß hatte er einen langen Schwanz und dünne Arme statt Flügel. Und soweit wir wissen, hatte er keine Federn, sondern schuppige Haut.

Angeln
Struthiomimus bückte sich vorwärts und streckte den Hals aus, um vorbeihuschende Reptilien oder kleine Säugetiere wie *Alphadon* zu schnappen.

Dankbarer Esser

Struthiomimus war nicht heikel. Er fraß alles, von kleinen **Säugetieren** und **Amphibien** zu Beeren, Nüssen und Samen. Sein langer, zahnloser Schnabel war einem Vogelschnabel sehr ähnlich und sehr nützlich, um Insekten zu schnappen oder Samen aufzupicken. *Struthiomimus* verachtete sicher auch Dinosauriereier nicht. Er konnte die Schale leicht mit dem Schnabel oder den Klauen öffnen.

Angriff und Abwehr

Die Welt der Dinosaurier war gefährlich. Viele Dinosaurier entwickelten eine Vielzahl tödlicher Waffen und Schutzpanzer, um zu überleben. **Fleischfresser** hatten Werkzeuge zum Zerschneiden von Fleisch wie scharfe Krallen und fürchterliche Zähne. Auch **Pflanzenfresser** brauchten Waffen, um sich zu verteidigen, wie Hörner, Stacheln oder Keulenschwänze. Manche Dinosaurier hatten sogar richtige Knochenhelme auf dem Kopf.

SUPER!
Der Pachycephalosaurus hatte auf seinem Schädel einen massiven Knochenhelm, der so groß wie ein Fußball war.

Kopfnüsse

Pachycephalosaurus ,die Dickkopfechse', hatte eine dicke Knochenschicht auf dem Kopf. **Paläontologen** glauben, dass dieser knochige Schädel als Waffe bei Rangkämpfen innerhalb der Herde benutzt wurde. Während der Paarungszeit trugen die Männchen Wettbewerbe im Schädelstoßen aus, um die Weibchen auf sich aufmerksam zu machen, wie das heute noch Schafböcke tun. Der Sieger gewann das Weibchen und wurde Führer der Herde.

▲ **Pachycephalosaurus**

Teamarbeit

Manche der gefährlichsten Jäger waren kleiner als ihre Beutetiere. Kleine und schnelle **Theropoden** wie *Deinonychus* jagten wahrscheinlich in Rudeln. Sie rissen ihre Beute zu Boden, wie das Löwen und Geparden tun. Gute Teamarbeit hieß, dass sie einen großen **Ornithopoden** wie den *Tenontosaurus* töteten und sich das Fleisch teilten. *Deinonychus*, die ‚Schreckenskralle', war mit langen, sichelförmigen Krallen am zweiten Zeh bewaffnet.

▶ Tenontosaurus

▼ Deinonychus

TÖDLICHE WAFFEN
Wähle deine Waffe aus der tödlichen Auswahl der Dinosaurierzeit!

Grässliche Krallen
Therizinosaurus, die ‚Sensenechse', hatte Krallen, die so lang wie Tennisschläger waren. Das ist Dinosaurier-Rekord!

Zackige Zähne
Tyrannosaurus rex hatte Zähne mit gezackten Enden wie ein Steakmesser. Wenn er einen verlor, wuchs wieder ein neuer nach.

Horror-Hörner
Centrosaurus, die ‚Einhornechse', hatte zwei Kragenhörner und ein riesiges Nasenhorn, mit dem er dicke Knochenpanzer durchstechen konnte.

Stachlige Stachel
Stegosaurus hatte vier tödliche Schwanzstacheln, die jedem Raubdinosaurier schreckliche Wunden schlagen konnten.

Dornige Dornen
Edmontonia hatte lange, knochige Schulterdornen, die jeden Fleischfresser, der ihm zu nahe kam, empfindlich verletzten.

Stegosaurus

Stegosaurus, die ‚Dachziegelechse‘, war ein beeindruckend aussehender Dinosaurier mit großen Knochen- platten auf dem Rücken und scharfen Stacheln am Schwanzende. *Stegosaurus* hatte einen erstaunlich kleinen Kopf mit einer langen, spitzen Schnauze. Wie die **Sauropoden** war dieser **Pflanzenfresser** den ganzen Tag mit Fressen beschäftigt, um genug Futter für seinen riesigen Körper zu bekommen.

FAKTEN

Dinosauriergruppe	Stegosaurier
Wann *Stegosaurus* lebte	vor 160 Millionen Jahre
Körpermaße	Höhe 3 Meter Länge 9 Meter
Gewicht	2 Tonnen
Fossilienfunde	Nord- amerika
Lieblingsfutter	Blätter und Zweige
Schlimmster Feind	Allosaurus oder Ceratosaurus

Rückenplatten
Zwei Reihen von Rückenplatten verliefen vom Kopf bis zum Schwanz. Die größten waren bis zu 60 cm lang!

Sonnenschilde
Es gibt viele Theorien über die Rückenplatten von *Stegosaurus*. Früher dachte man, sie seien Schutzschilde. Heute glaubt man, dass sie Teil eines Wärme- und Kühlsystems waren. Die Platten speicherten die Sonnenwärme wie Solarzellen und gaben die Wärme ab, wenn es kühler wurde. Es ist auch möglich, dass sie bunt gefärbt waren, um einen Partner anzulocken. Oder die Männchen benutzten sie, um Rivalen zu warnen!

Familienbande
Vielleicht erkannte *Stegosaurus* Mitglieder seiner Familie an der Form und Größe ihrer Rückenplatten.

Schwanzstacheln
Bei einem Angriff schlug *Stegosaurus* mit seinem Schwanz zu, der einen Meter lange Stacheln hatte.

Gleichgewicht
Beim Aufstehen bildeten die Hinterbeine und der Schwanz eine Art dreibeinigen Hocker, wodurch er das Gleichgewicht halten konnte.

Schnäuzchen
Dieser Vegetarier hatte
eine schmale Schnauze.
Im Maul hatte er 150
kleine, blätterförmige
Zähne, mit denen er harte
Pflanzen kauen konnte.

SUPER!
Stegosaurus Gehirn
war nur so groß wie
das eines Hundes,
aber sein Körper war
100 mal größer!

Hoch hinaus

Viele **Paläontologen** wundern sich, warum die
Hinterbeine des *Stegosaurus* so viel länger als
die Vorderbeine waren. Er fraß Farnkraut und
Cykadeen, die in Bodennähe wuchsen, so wie
heutzutage Kühe und Schafe. Wozu brauchte
er also diese langen Hinterbeine? Wissenschaftler glauben, dass er sich vielleicht
auf ihnen aufrichten konnte, um Blätter
in größerer Höhe zu erreichen. Seine
stämmigen Beine und der bewegliche
Schwanz stützten dabei seinen riesigen
Körper.

FAMILIENÄHNLICHKEITEN
**Diese Dinosaurier gehören alle zur selben Familie
Woran sieht man das?**

Kentrosaurus, die afri-
kanische ‚Stachelschwanz-
echse', machte ihrem Namen
alle Ehre. Schmale Knochenplatten verliefen über den
Rücken, am Schwanz hatte
er spitze Stacheln.

Wuerhosaurus wurde nach
seinem Fundort, dem chinesischen Dorf Wuerho be-
nannt. Der Dinosaurier hatte
kleine, stumpfe Rückenplatten
und zwei riesige gebogene
Schwanzstacheln.

Tuojiangosaurus wurde
nach dem chinesischen
Fluss Tuo benannt. Seine
Vorderbeine waren ge-
bogen wie die eines
Krokodils. Seine spitzen
Platten standen nach oben.

Panzerdinosaurier

Gegen Ende der **Kreidezeit** tauchte eine neue Art gepanzerter Dinosaurier auf, die man **Ankylosaurus** oder ‚Panzerechse' nennt. Einige Mitglieder dieser Familie hatten Dornen, andere Keulenschwänze, aber alle hatten eine Gemeinsamkeit: Knochenplatten, die wie eine Rüstung den größten Teil des Körpers bedeckten. Diese panzerähnlichen **Pflanzenfresser** waren eine Herausforderung für die stärksten **Fleischfresser.**

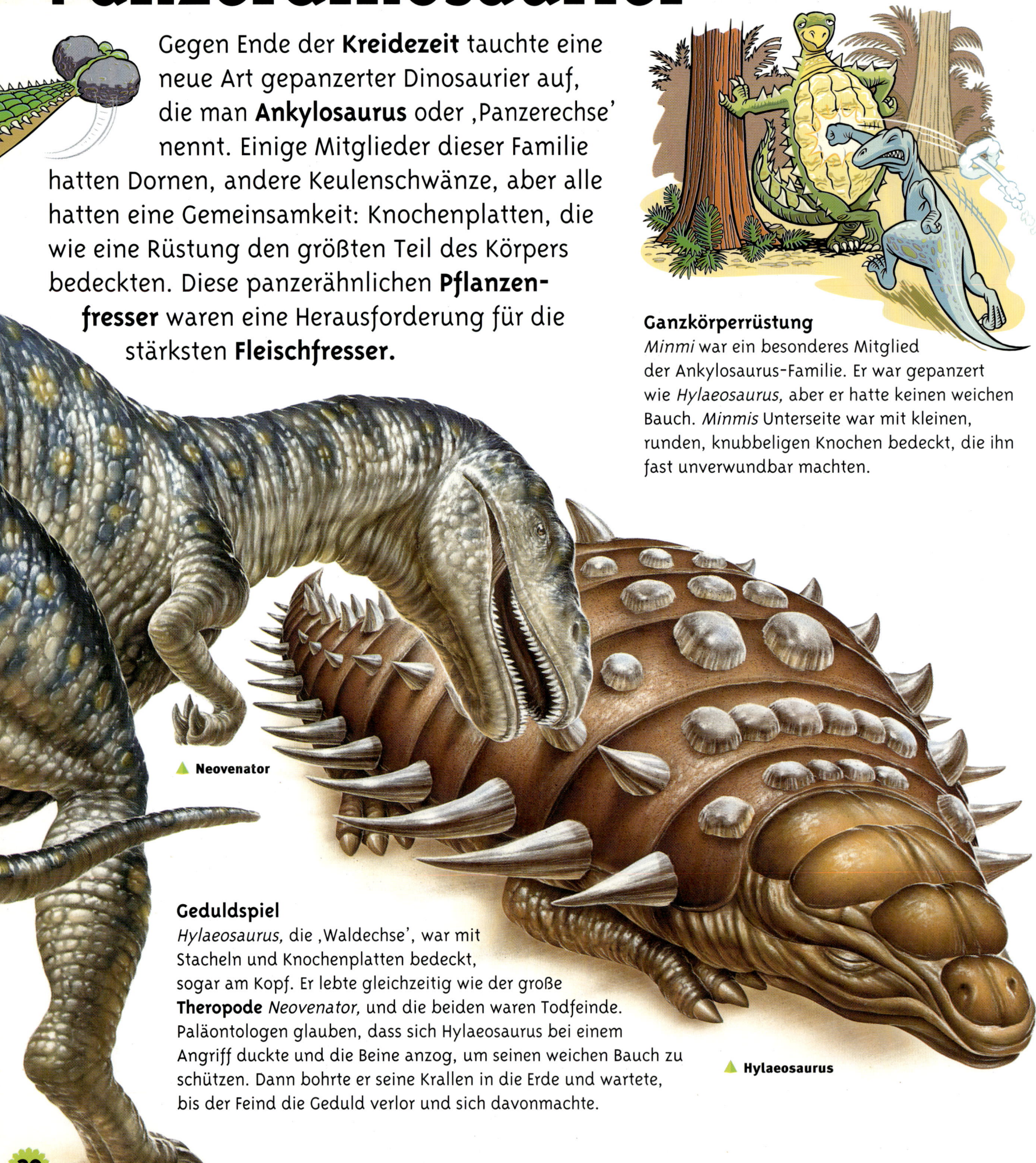

Ganzkörperrüstung

Minmi war ein besonderes Mitglied der Ankylosaurus-Familie. Er war gepanzert wie *Hylaeosaurus,* aber er hatte keinen weichen Bauch. *Minmis* Unterseite war mit kleinen, runden, knubbeligen Knochen bedeckt, die ihn fast unverwundbar machten.

▲ Neovenator

Geduldspiel

Hylaeosaurus, die ‚Waldechse', war mit Stacheln und Knochenplatten bedeckt, sogar am Kopf. Er lebte gleichzeitig wie der große **Theropode** *Neovenator,* und die beiden waren Todfeinde. Paläontologen glauben, dass sich Hylaeosaurus bei einem Angriff duckte und die Beine anzog, um seinen weichen Bauch zu schützen. Dann bohrte er seine Krallen in die Erde und wartete, bis der Feind die Geduld verlor und sich davonmachte.

▲ Hylaeosaurus

Knochenbrecher

Alle Ankylosaurier waren gut gepanzert,
aber nicht alle konnten auch zurückschlagen.
Euoplocephalus, der ,Panzerkopf', war mit seinen
Knochenplatten, Stacheln und vier kurzen Hörner
auf dem Rücken keine leichte Beute. Dazu kam
noch sein knochiger Keulenschwanz. Mit einem
gut gezielten Schlag konnte er das Schienbein
eines angreifenden Fleischfressers brechen. Selbst
der gewaltige *Tyrannosaurus rex* konnte mit
einem gebrochenen Bein nicht überleben. Er
konnte nicht mehr jagen und musste verhungern
oder wurde zur Beute anderer Fleischfresser.

▶ **Euoplocephalus greift
Tyrannosaurus rex an.**

SUPER!
Ankylosaurier hatten
sogar gepanzerte
Augenlider, die wie
Stahlrollos auf und zu
gingen.

Triceratops

Triceratops, das ‚Dreihorn-gesicht', ist das berühmteste Mitglied der **Ceratopier,** der ‚Horndinosaurier'. Kleine *Ceratopier* sahen aus wie gehörnte Schweine, große wie *Triceratops* dagegen erinnerten eher an ein Nashorn mit Halskrause. Diese schwergewichtigen **Pflanzenfresser** lebten in großen Herden, die durch die warmen, luftigen Wälder Nordamerikas zogen.

FAKTEN	
Dinosauriergruppe	
Ceratopier	
Wann *Triceratops* lebte	
vor 70 Millionen Jahren	
Körpermaße	
Höhe 2.5 Meter	
Länge 9 Meter	
Gewicht	
10 Tonnen	
Fossilienfunde	
Asien, Nord- und Südafrika	
Lieblingsfutter	
Pflanzen und Blumen	
Schlimmster Feind	
Tyrannosaurus rex	

Hörner und Nackenschilde

Triceratops' auffälligste Merkmale waren seine Hörner und der Nackenschild. Der knochige Kragen schützte seinen Hals vor den scharfen Zähnen und Krallen der **Theropoden.** Die Hörner gebrauchte er, wenn er angegriffen wurde. Dann stürmte er mit gesenktem Kopf, die Hörner nach vorne gerichtet, los. Die langen Stirnhörner fügten dem Feind schreckliche Wunden zu. **Paläontologen** glauben, dass er seine Hörner auch bei Rivalenkämpfen benutzte wie Hirsche ihr Geweih.

SUPER!
Der Ceratops Torosaurus hatte den größten Schädel aller Landlebewesen. Schädel und Nackenschild waren zusammen 2,6 Meter lang – länger als ein kleines Auto!

▼ Skelett eines Triceratops

Dieses versteinerte Skelett eines *Triceratops* wurde in Wyoming, USA, gefunden. Die meisten Ceratopier hatten Löcher in ihrem Nackenschild, der von *Triceratops* war geschlossen.

Dicke Füße

Triceratops hatte vier Zehen an den Hinterfüßen und fünf an den vorderen. Seine Zehen waren dick und leicht gespreizt, um sein enormes Gewicht tragen zu können.

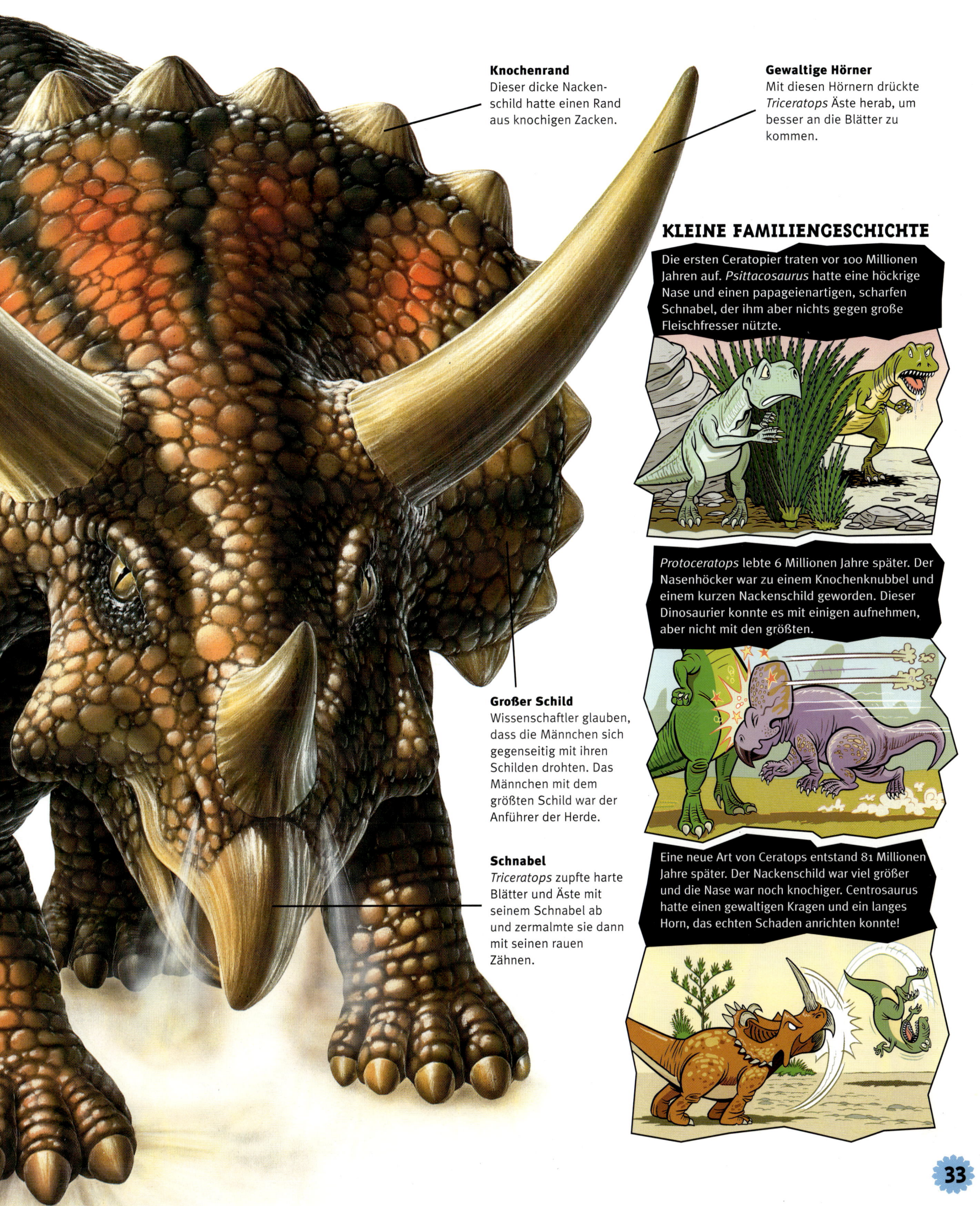

Knochenrand
Dieser dicke Nacken-schild hatte einen Rand aus knochigen Zacken.

Gewaltige Hörner
Mit diesen Hörnern drückte *Triceratops* Äste herab, um besser an die Blätter zu kommen.

KLEINE FAMILIENGESCHICHTE

Die ersten Ceratopier traten vor 100 Millionen Jahren auf. *Psittacosaurus* hatte eine höckrige Nase und einen papageienartigen, scharfen Schnabel, der ihm aber nichts gegen große Fleischfresser nützte.

Protoceratops lebte 6 Millionen Jahre später. Der Nasenhöcker war zu einem Knochenknubbel und einem kurzen Nackenschild geworden. Dieser Dinosaurier konnte es mit einigen aufnehmen, aber nicht mit den größten.

Großer Schild
Wissenschaftler glauben, dass die Männchen sich gegenseitig mit ihren Schilden drohten. Das Männchen mit dem größten Schild war der Anführer der Herde.

Eine neue Art von Ceratops entstand 81 Millionen Jahre später. Der Nackenschild war viel größer und die Nase war noch knochiger. Centrosaurus hatte einen gewaltigen Kragen und ein langes Horn, das echten Schaden anrichten konnte!

Schnabel
Triceratops zupfte harte Blätter und Äste mit seinem Schnabel ab und zermalmte sie dann mit seinen rauen Zähnen.

33

Corythosaurus

Corythosaurus, der ‚Helmkopf', gehörte zu den **Hadrosauriern.** Die Hadrosaurier waren **Pflanzenfresser** mit seltsamen Knochenkämmen auf dem Kopf. Sie hatten außerdem flache Schnauzen, die wie Entenschnäbel geformt waren. Man nennt sie deshalb auch ‚Entenschnabeldinosaurier'.

Farbiger Kamm
Der männliche *Corythosaurus* hatte einen großen Kamm, der wie ein Teller geformt war.

Großer Schnabel
Dieser lange Schnabel war gut geeignet, um Blumen, Blätter und Triebe abzurupfen.

Zähne
Ein *Hadrosaurus* hatte dichte Reihen von Zähnen im Maul, mit denen er hartes, grobes Futter wie Kiefernnadeln kauen konnte.

FAKTEN

Dinosauriergruppe	
Ornithopoden	
Untergruppe	
Hadrosaurier	
Wann *Corythosaurus* lebte	
vor 70 Millionen Jahren	
Körpermaße	
Höhe 2,75 Meter	
Länge 9 Meter	
Gewicht	
4,5 Tonnen	
Fossilienfunde	
Nordamerika	
Lieblingsfutter	
Blütenpflanzen	
Schlimmster Feind	
alle großen **Theropoden**	

Auf Partnersuche

Lange Jahre rätselten **Paläontologen** über die Bedeutung von *Corythosaurus'* Knochenkamm. Wir wissen, dass der des Männchens größer war. Der Kamm könnte bunt gefärbt gewesen sein. Vielleicht benutzte das Männchen seinen bunten Kamm, um das Weibchen während der Paarungszeit anzulocken, wie das manche Vögel mit ihren farbenprächtigen Federn tun.

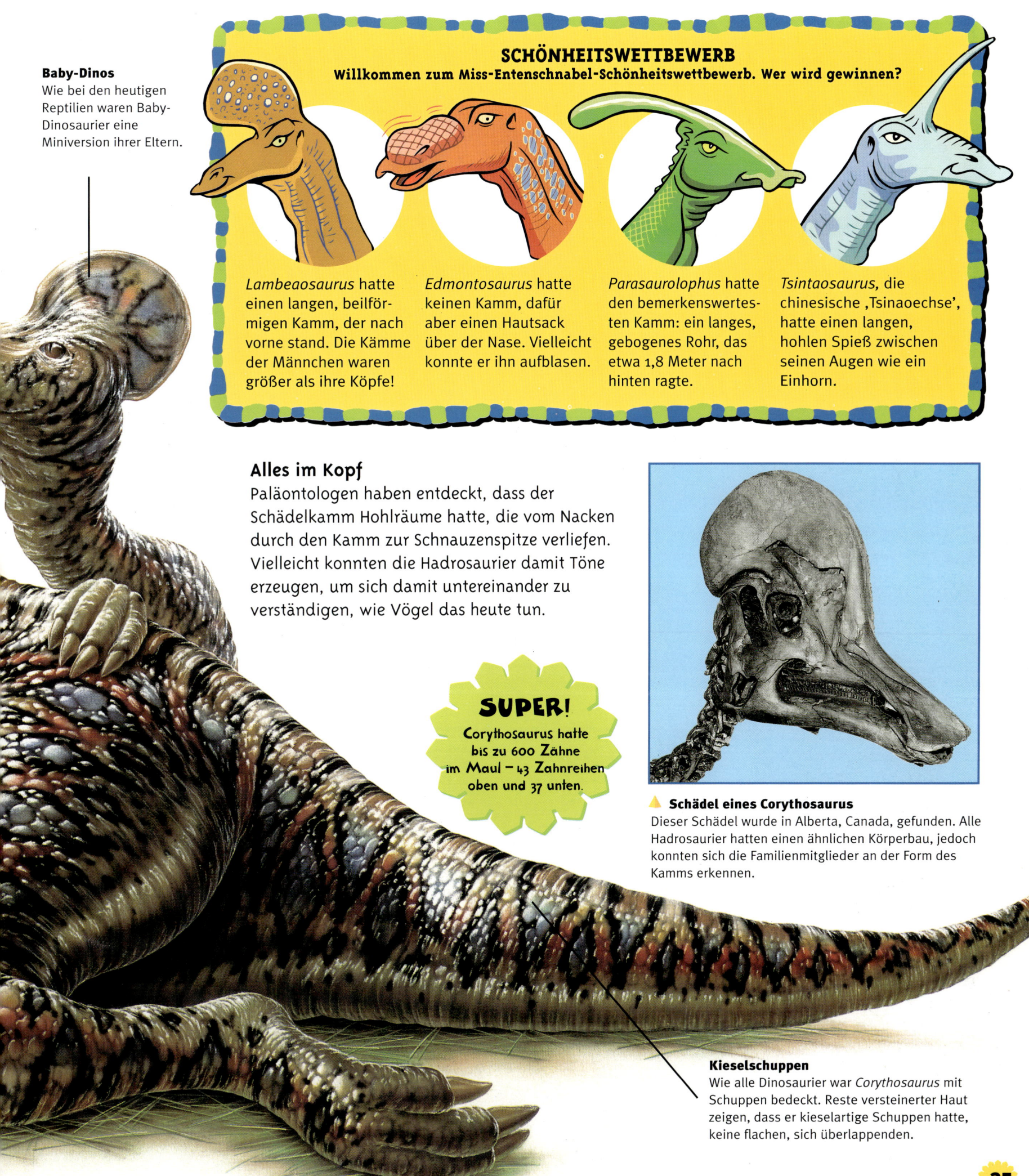

Baby-Dinos
Wie bei den heutigen Reptilien waren Baby-Dinosaurier eine Miniversion ihrer Eltern.

SCHÖNHEITSWETTBEWERB
Willkommen zum Miss-Entenschnabel-Schönheitswettbewerb. Wer wird gewinnen?

Lambeaosaurus hatte einen langen, beilförmigen Kamm, der nach vorne stand. Die Kämme der Männchen waren größer als ihre Köpfe!

Edmontosaurus hatte keinen Kamm, dafür aber einen Hautsack über der Nase. Vielleicht konnte er ihn aufblasen.

Parasaurolophus hatte den bemerkenswertesten Kamm: ein langes, gebogenes Rohr, das etwa 1,8 Meter nach hinten ragte.

Tsintaosaurus, die chinesische ‚Tsinaoechse', hatte einen langen, hohlen Spieß zwischen seinen Augen wie ein Einhorn.

Alles im Kopf
Paläontologen haben entdeckt, dass der Schädelkamm Hohlräume hatte, die vom Nacken durch den Kamm zur Schnauzenspitze verliefen. Vielleicht konnten die Hadrosaurier damit Töne erzeugen, um sich damit untereinander zu verständigen, wie Vögel das heute tun.

SUPER!
Corythosaurus hatte bis zu 600 Zähne im Maul – 43 Zahnreihen oben und 37 unten.

▲ **Schädel eines Corythosaurus**
Dieser Schädel wurde in Alberta, Canada, gefunden. Alle Hadrosaurier hatten einen ähnlichen Körperbau, jedoch konnten sich die Familienmitglieder an der Form des Kamms erkennen.

Kieselschuppen
Wie alle Dinosaurier war *Corythosaurus* mit Schuppen bedeckt. Reste versteinerter Haut zeigen, dass er kieselartige Schuppen hatte, keine flachen, sich überlappenden.

Elternliebe

Dinosauriermütter legten ihre Eier in weiche Nester und bewachten sie, bis die Jungen schlüpften. Wie kleine Vögel waren Baby-Dinosaurier leichte Beute für Raubtiere, weshalb nur wenige überlebten. Die meisten Baby-Dinos mussten alleine auf sich aufpassen, nur bei einigen Arten blieben die Mütter bei ihnen, bis sie erwachsen waren.

SUPER! Den Preis für das größte Ei gewinnt der Hypselosaurus. Seine Eier waren 50 Mal so groß wie ein Hühnerei!

◀ **Velociraptor**

▲ **Protoceratops**

Besorgte Eltern

Protoceratopier lebten in trockenen, windigen Wüsten. Jedes Jahr legten die Weibchen ihre Eier in Nester aus Sand. Das Weibchen bewachte sie vor hungrigen **Fleischfressern**. **Theropoden** wie *Velociraptor*, der ‚Schnelle Räuber', schlichen sich an das Nest und versuchten, ein paar der leckeren Eier zu stehlen. Wenn *Protoceratops* den *Velociraptor* erwischte, blieb sicher nicht viel von ihm übrig.

Maiasaura, die ‚Mutterechse'

Maiasaura war ein Entenschnabeldinosaurier, der in großen Herden lebte. Jedes Jahr wanderten die Weibchen an den selben Ort, um dort ihre Eier zu legen. Eine *Maiasaura*-Mutter grub ein großes Nest in den Schlamm und legte etwa 20 Eier hinein. Wenn die Babys geschlüpft waren, passte die Mutter auf und fütterte sie einige Monate lang, bis sie groß genug waren, um selbst nach Futter zu suchen.

▶ **Maiasaura**

▲ **Beim Schlüpfen**
Dieses versteinerte Dinosaurierei enthält ein *Maiasaura*-Baby. Es wurde zusammen mit anderen versteinerten Babys und Eiern in Montana, USA, gefunden.

Im Angesicht des Feindes

Dinosauriereltern hatten rund um die Uhr zu tun, um ihren Nachwuchs vor Raubtieren zu schützen. Bei Gefahr trieben die *Chasmosaurier* ihre Jungen zusammen und bildeten einen Kreis um sie. Die Erwachsenen stellten drohend ihre Nackenschilde auf und senkten die Hörner.

Zu Land und in der Luft

Dinosaurier waren nicht die einzigen Tiere, die vor Millionen von Jahren lebten. Land und Luft wimmelten von urzeitlichen Geschöpfen. Seltsame **Reptilien** krochen über die Erde, und kleine **Säugetiere** suchten Schutz in unterirdischen Bauen. Am Himmel des **Mesozoikums** schwebten merkwürdige Wesen, die man **Pterosaurier** oder ‚Flugsaurier' nennt.

Reptilien und Säugetiere

Lange vor den Dinosauriern lebten riesige Reptilien auf der Erde. Eines der frühesten, *Dimetrodon,* trug ein beeindruckendes Hautsegel auf dem Rücken. Während der **Trias** trat eine neue Reptilienart auf, die **Thecodonten.** Der *Desmatosuchus* sah aus wie eine Kreuzung zwischen einem Dinosaurier und einem Krokodil. Frühe Säugetiere wie das spitzmausartige *Megazostrodon,* lebten in Erdlöchern, aus Schutz vor den gefährlichen Raubtieren.

Flugdrachen

Die Pterosaurier waren nahe Verwandte der Dinosaurier und beherrschten den Himmel ihrer Zeit. Einige Pterosaurier waren nicht größer als ein Spatz, andere dagegen glichen gigantischen Fledermäusen, die hoch in der Luft schwebten. *Quetzalcoatlus,* der ‚Fliegende Drache', war das größte fliegende Lebewesen aller Zeiten. Er hatte eine Spannweite von 11,5 Meter — so groß wie ein kleines Flugzeug.

▶ **Dimetrodon**

▲ **Megazostrodon**

▶ **Desmatosuchus**

Flugsaurier

Pterosaurier wie *Pteranodon* und *Eudimorphodon* beherrschten während des Mesozoikum die Lüfte. Diese Reptilien hatten lange, dünne Arme, die mit einer Lederhaut überzogen waren. Sie konnten große Strecken zurücklegen. Sie trugen auch Krallen an den Flügeln. Pterosaurier glitten auf der Suche nach Futter durch die Luft und stürzten plötzlich herab, um kleine Echsen oder Fische mit ihrem langen, zangenartigen Schnabel zu packen.

▶ Pteranodon

▲ Eudimorphodon

▶ Leaellynasaura

Wasserliebhaber

Koolasuchus war eine gewaltige, Fleisch fressende **Amphibie** aus der **Kreidezeit.** Dieses fünf Meter lange Ungeheuer fühlte sich in frischem Wasser am wohlsten, wo es sich von Fischen und anderen Tieren ernährte. Ab und zu kroch *Koolasuchus* ans Ufer. Mit seinem Schädel spürte er die Bewegungen von Tieren im Wasser. Wenn sich dann ein kleiner Dinosaurier wie *Leaellynasaura* näherte, schnappte *Koolasuchus* mit seinem mächtigen, zahnbewehrten Kiefer zu.

▶ Koolasuchus

Seeungeheuer

Während im **Mesozoikum** Dinosaurier und andere **Reptilien** das Festland regierten, waren riesige Meeresechsen die Herrscher der Meere. **Plesiosaurus, Ichthyosaurus** und **Mosasaurus** teilten sich die trüben Gewässer mit Fischen, Schildkröten, Korallen und Tintenfischen. Diese Meeresechsen hatten gewaltige Flossen und mussten zum Atmen auftauchen wie die heutigen Wale und Delfine.

Plesiosaurier

Plesiosaurier wie *Elasmosaurus* traten während des frühen **Jura** auf. Diese Giganten der Meere hatten lange, paddelförmige Flossen, die sie auf und ab bewegten. Sie schwebten durch das Wasser wie Vögel durch die Luft. Plesiosaurier waren keine schnellen Schwimmer. Sie glitten gemächlich dahin und warteten auf eine günstige Gelegenheit, um ihre breiten Mäuler zu öffnen und mit ihren nadelscharfen Zähnen einen Fisch zu schnappen.

▲ **Trilobit**
Der **Trilobit** war eines der ältesten Tiere. Dieser Vorfahre der Krustentiere, Spinnen und Insekten lebte vor etwa 525-250 Millionen Jahren auf dem Meeresgrund. Er war eines der ersten Lebewesen mit Augen.

Plesiosaurier
Elasmosaurus hatte den längsten Hals aller Plesiosaurier. Über die Hälfte der Körperlänge von 14 Meter bestand aus Hals.

Coelacanth
Dieser mittelgroße Fisch schwamm durch die Meere der **Trias** vor über 360 Millionen Jahren. *Coelacanthier* gibt es heute noch!

Ammonit
Dieses Weichtier lebte in einer großen Schnecke. Mit den heraushängenden Fangarmen schnappte er kleine Fische und steckte sie sich in den Schnabel.

Ichthyosaurier

Eine Gruppe der Meeresechsen waren die **Ichthyosaurier,** die ‚Fischsaurier'. Sie waren schnelle Schwimmer und ähnelten Delfinen. Sie lebten von Tintenfisch, Fisch und anderen Meerestieren. Ichthyosaurier wie *Ophthalmosaurus* legten keine Eier wie andere Reptilien, sondern brachten an der Meeresoberfläche lebende Junge zur Welt.

SUPER!

Liopleurodon war ein riesiger Plesiosaurier. Mit über 15 Meter Länge war er das größte Raubtier aller Zeiten.

HAI-ALARM

Diese prähistorischen Tiefsee-Jäger sind die Vorfahren der modernen Haie. Kannst du sehen, warum?

Cladoselache machte vor über 400 Millionen Jahren die Meere unsicher. Er war eines der ersten Lebewesen mit Wirbelsäule und Zähnen.

Stethacantus tummelte sich in den warmen, tropischen Meeren vor 350 Millionen Jahren. Seine Rückenflosse war mit Stacheln bedeckt, die wie eine Bürste aussahen.

Falcatus war ein Zeitgenosse von Stethacantus. Er hatte einen seltsamen L-förmigen Stachel auf dem Rücken, der mit Dornen bedeckt war.

Mosasaurus

In den warmen, sonnendurchfluteten Meeren der **Kreidezeit** lebten Kreaturen, die der Albtraum jedes Seefahrers wären! Ein Mosasaurier wie *Plateocarpus* war schnell und stark. Er hatte einen langen, aalartigen Schwanz, mit dem er durch das Wasser schoss. Wie die Plesiosaurier hatten die Mosasaurier paddelförmige Flossen, die sie zum Steuern und Umdrehen verwendeten.

Riesenschildkröte

Archelon war eine vier Meter lange Schildkröte. Wie alle Schildkröten hatte sie einen Panzer, der aus vielen einzelnen Teilen zusammengefügt war.

Ichthyosaurus

Ophthalmosaurus, die ‚Augenechse', hatte riesige Augen, mit denen er seine Lieblingsspeisen Tintenfisch und Fisch ausspähen konnte.

Mosasaurus

Plateocarpus war ein großer und kräftiger Mosasaurier. Er konnte Ammoniten, Fische und andere Meerechsen mit seinen rasiermesserscharfen Zähnen zerreißen.

Tod der Dinosaurier

Vor etwa 65 Millionen Jahren starben die Dinosaurier und viele andere Urzeittiere plötzlich aus. Ihr **Aussterben** ist eines der größten Rätsel aller Zeiten. Wie konnten diese großartigen Tiere, die über 165 Millionen Jahre die Erde bevölkert hatten, einfach verschwinden? **Paläontologen** versuchen, eine Erklärung dafür zu finden.

▲ **Meteoritenkrater**
Wenn ein **Meteorit** auf der Erde einschlägt, hinterlässt er einen Krater wie diesen. Kürzlich wurde in Mexiko ein Krater entdeckt, der 200 Mal größer ist. Dieser Meteorit könnte groß genug sein, um das Dinosauriersterben ausgelöst zu haben.

Einschlag

Die am weitesten verbreitete Theorie ist, dass ein riesiger **Meteorit** aus dem Weltraum auf der Erde einschlug. Beim Aufschlag erzeugte er eine Feuerwand, die sich nach allen Seiten ausbreitete und alle Lebewesen im Umkreis von tausenden von Kilometern verbrannte. Als das Feuer erlosch, wurde es sehr kalt auf der Erde. Dinosaurier und andere **Reptilien** konnten in der Kälte nicht überleben.

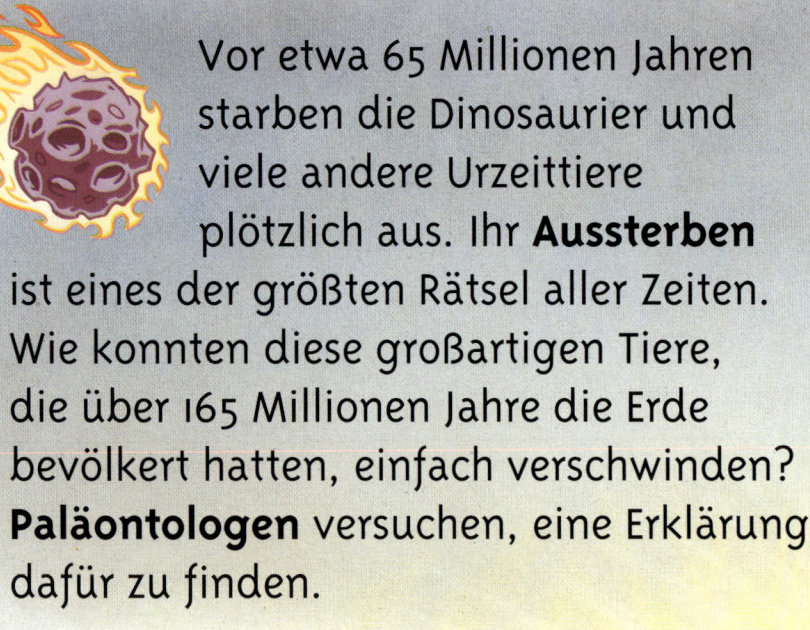

Vulkanausbrüche

Eine andere Theorie besagt, dass am Ende der **Kreidezeit** viele Vulkane ausbrachen. Sie stießen tödliche Gase aus, die die Dinosaurier vergifteten. Die Vulkane schleuderten auch Berge von Asche und Staub in die Luft, und die Sonne verdunkelte sich. Ohne Sonnenlicht starben die Pflanzen, und die **Pflanzenfresser** verhungerten. Die **Fleischfresser** starben ebenfalls, weil sie auch nichts mehr zu fressen hatten.

SUPER!
Ein Wissenschaftler kam auf die verrückte Idee, die Dinosaurier seien ausgestorben, weil Millionen von Raupen alle Pflanzen gefressen hatten!

Moderne Dinosaurier

Obwohl die Dinosaurier ausgestorben sind, kann man heute noch überall am Himmel ihre Nachfahren sehen: die Vögel. Während Millionen von Jahren entwickelten die kleinen, zweibeinigen, Fleisch fressenden **Theropoden** Merkmale wie Federn und Schnäbel.

Geerdet
Mononykus, die ‚Einzelklaue', war ein flügelloser Vogel. Er hatte kräftige Beine, einen kurzen Körper und ganz kurze Arme mit Krallen.

Bereit zum Abflug
Einige Wissenschaftler glauben, dass *Protoavis* der erste richtige Vogel war. Er hatte einen langen Schwanz und Flügel mit kleinen Krallen. Vielleicht hatte er schon Federn.

Auf und davon
Andere Wissenschaftler halten *Archäopterix*, den ‚Uraltflügel', für den ersten Vogel. Er hatte hohle Knochen wie die heutigen Vögel, dafür aber scharfe Zähne und einen knochigen Schwanz.

Ausgrabungen

Paläontologen sind die Detektive der vergangenen Welten. Sie führen viele Spuren zusammen, um etwas über die Dinosaurier herauszufinden. Ein großer Fund fängt oft mit einem winzigen **Fossil** an, das aus einem Felsen ragt. Der Finder unterrichtet vielleicht das örtliche Museum. Die Paläontologen entscheiden dann, ob man dort **Ausgrabungen** machen soll, um nach weiteren Fossilien zu suchen.

Bei der Ausgrabung

Wenn ein großes Fossil gefunden wird, kommt ein gut ausgerüstetes Team von Paläontologen. Während der Ausgrabungen werden genaue Aufzeichnungen darüber gemacht, wann und wo ein Fossil gefunden wurde. Um herauszufinden, wie alt die Dinosaurierknochen sind, nimmt man Gesteinsproben von der Fundstelle. Später kann man bestimmen, wie alt sie sind. Es kann zwei Wochen dauern, bis ein großes Dinosaurierskelett ausgegraben ist.

1 Das Gestein über dem Skelett wird beseitigt. Man benutzt Bagger, Presslufthammer und sogar Sprengstoff, um ein großes Skelett aus seinem steinernen Grab zu befreien.

2 Das Gestein, das die Knochen direkt bedeckt, wird mit der Hand beseitigt. Die letzten Zentimeter werden mit Feilen und Meißeln entfernt.

③ Der Fundort wird ausgemessen, und die genaue Lage der Fossilien wird fotografiert.

④ Kleine, locker sitzende versteinerte Knochen werden vorsichtig abgebürstet und aufgesammelt. Die Fundstücke werden nummeriert und beschriftet.

▲ **Paläontologen bei der Arbeit**
Im örtlichen Museum befreien Spezialisten, die Präparatoren, die Fossilien vorsichtig von den letzten Steinresten. Dieser Präparator meißelt den Kiefer eines *Tyrannosaurus rex* frei.

Spezialwerkzeug

Ein Fossil auszugraben ist Schwerstarbeit, aber die Präparatoren haben viele Werkzeuge, die ihnen dabei helfen, von kleinen Pressluftmeißeln bis zu Sandstrahlgeräten. Präparatoren benutzen oft eine Art Stift mit einer sich schnell bewegenden Spitze, die Stein wegpickt, als wäre es Käse! Ein falscher Kratzer und der ganze Knochen könnte zerstört sein. Das könnte eine Katastrophe bedeuten, denn vielleicht war es der einzige dieser Art.

VON UNTEN NACH OBEN

Ein großes Dinosaurierfossil lässt sich schwer transportieren. Die Paläontologen haben das Skelett freigelegt. Die Knochen liegen auf einer Art steinernem Podest, das leicht bewegt werden kann.

Dinoknochen sind vielleicht groß, aber nicht besonders hart. Ehe die Fossilien bewegt werden, bedeckt man sie mit Schichten von dünnem Stoff und gipst sie ein. Wenn der Gips hart ist, wird das gespenstische Fossil abtransportiert.

Im Museum wird der Gips aufgebrochen. Ehe das Wesen ausgestellt wird, werden die Knochen gereinigt und repariert. Dann werden sie mit einer Substanz ausgefüllt, die hart wird, um sie haltbar zu machen.

Glossar

Allesfresser Alle Tiere wie Menschen, Bären oder Vögel, die sich von Pflanzen und Fleisch ernähren. Manche Dinosaurier waren Allesfresser.

Ammonit Frühes Meerestier mit einer Schneckenschale, das mit seinen Fangarmen fischte.

Amphibie Vierbeiniges Tier, das im Wasser und an Land leben kann. Frösche, Kröten und Salamander sind Amphibien. In der Trias waren manche so groß wie Schweine.

Ankylosaurus Mit Knochenplatten gepanzerte, auf vier Beinen laufende Dinosaurier mit Keulenschwanz. Sie lebten während der Kreidezeit. Ankylosaurus bedeutet ‚Panzerechse'.

Atmosphäre Eine Gasschicht, die die Erde umgibt, und sie vor der Sonneneinstrahlung schützt.

Ausgrabung Eine wissenschaftliche, organisierte Grabung nach Fossilien oder archäologischen Funden.

Aussterben Tod aller Angehörigen einer Tierart oder einer Menschengruppe. Die Dinosaurier starben am Ende der Kreidezeit aus.

Ceratopier Horndinosaurier der späten Kreidezeit. Ceratops bedeutet ‚Horngesicht'. Zu ihnen gehören *Triceratops* und *Centrosaurus*.

Fleischfresser Tiere, die sich vom Fleisch anderer Tiere ernähren.

Fossilien Die uralten versteinerten Überreste oder Spuren von Pflanzen und Tieren.

Gastrolith Steine, die Pflanzen fressende Dinosaurier verschlingen, um das Futter im Magen zerkleinern zu können. Gastrolith bedeutet ‚Magenstein'.

Hadrosaurier Wissenschaftlicher Name für Entenschnabeldinosaurier. *Corythosaurus* war ein Hadrosaurier.

Ichthyosaurier Ein ausgestorbenes Meeresreptil, das aussah wie ein Delfin. Er jagte Fische und Tintenfische.

Jura Das Erdzeitalter vor 205–145 Millionen Jahren.

Klima Das Wetter, das in einem bestimmten Gebiet herrscht. Das Klima eines Ortes ist jedes Jahr ähnlich. In Regenwäldern ist es zum Beispiel heiß und feucht.

Kontinent Ein großes Stück Festland. Heute gibt es sieben Kontinente. Vor 210 Millionen Jahren gab es nur einen einzigen, Pangäa.

Kreidezeit Das Erdzeitalter vor 145–65 Millionen Jahren.

Mesozoikum Das Erdzeitalter vor 250–65 Millionen Jahren. Es ist unterteilt in Trias, Jura und Kreidezeit.

Meteorit Gesteinsbrocken, der aus dem Weltraum kommt und in die Erdatmosphäre eindringt.

Mosasaurus Riesiges Meeresreptil, das am Ende der Kreidezeit lebte. Es glich einer Schlange und hatte ein langes Maul mit langen, gebogenen Zähnen.

▶ **Diese Aufstellung zeigt, wie groß die Dinosaurier im Vergleich untereinander und zum Menschen waren.**

Mensch   **Stegosaurus**   **Pachycephalosaurus**   **Euoplocephalus**   **Iguanodon**   **Apatosaurus**

Ornithischier Der Name bedeutet ‚mit Vogelbecken' und ist die wissenschaftliche Bezeichnung für Dinosaurier mit einem Vogelbeckenknochen. *Iguanodon* und *Stegosaurus* gehören zu den Ornithischiern. Sie waren alle Pflanzenfresser.

Ornithopode Pflanzen fressender Saurier, der auf zwei oder vier Beinen lief. Ornithopode bedeutet ‚Vogelfuß'. *Iguanodon* und auch die Hadrosaurier wie *Corythosaurus* waren Ornithopoden.

Pachycephalosaurus So hieß ein Dinosaurier mit einem Knochenhelm auf dem Schädel, den er zum Kampf benutzte. Pachycephalosaurus bedeutet ‚Dickkopfechse'.

Paläontologe Ein Wissenschaftler, der sich mit Fossilien beschäftigt. Das Wort bedeutet: ‚der, der altes Leben studiert'.

Pangäa Vor 270-200 Millionen Jahren gab es nur einen einzigen Kontinent, den man Pangäa nennt.

Pflanzenfresser Tiere wie Kühe oder Schafe, die sich ausschließlich von Pflanzen ernähren. *Stegosaurus* und *Apatosaurus* waren Pflanzenfresser.

Plesiosaurus Großes Meeresreptil, das zur Zeit der Dinosaurier lebte. Plesiosaurier hatten kurze Körper, lange Hälse, vier Flossen und nadelscharfe Zähne.

Pterosaurier Flugechsen, die während des Mesozoikums die Luft beherrschten. Sie sahen aus wie riesige Fledermäuse. *Quetzalcoatlus* war so groß wie ein kleines Flugzeug.

Reptilien Kaltblütige Tiere mit schuppiger Haut, die ledrige Eier legen. Krokodile, Eidechsen, Schlangen und die Dinosaurier gehören zu den Reptilien. Man nennt Reptilien auch Echsen.

Säugetier Warmblütiges Tier, das lebende Junge zur Welt bringt und die Jungen säugt. Säugetiere gab es schon zur Zeit der Dinosaurier.

Saurischier Der Name bedeutet ‚mit Echsenbecken'. Saurischier haben ein Becken in der Form eines Echsenbeckens. Einige Saurischier wie *Tyrannosaurus rex* gingen auf zwei Beinen, andere wie *Diplodocus* auf allen vieren.

Sauropode Ein riesiger, auf vier Beinen gehender, langhalsiger, Pflanzen fressender Dinosaurier wie *Apatosaurus* oder *Mamenchisaurus*. Sauropod bedeutet ‚Echsenfuß'.

Stegosaurier Pflanzen fressender Dinosaurier mit Rückenplatten und Schwanzstacheln. Stegosaurier bedeutet ‚Dachziegelechse'.

Thecodont Reptil aus der Trias. Einige Thecodonten waren gepanzerte Pflanzenfresser, andere krokodilähnliche Fleischfresser. Wissenschaftler glauben, dass sie die Vorfahren der Dinosaurier waren.

Theropoden Auf zwei Beinen gehende, Fleisch fressende Saurischier wie *Deinonychus* und *Ceratosaurus*. Theropode bedeutet ‚Raubtierfuß'.

Trias Erdzeitalter vor 250-205 Millionen Jahren. Damals traten die ersten Dinosaurier auf.

Trilobit Ausgestorbenes Gliedertier, das auf dem Meeresgrund lebte und sich von kleinen Tieren ernährte. Er war der Vorfahre der Krabben, Spinnen und Insekten.

Wandertiere Tiere, die jedes Jahr zur gleichen Zeit zu einem bestimmten Ort wandern. Vögel und andere Tiere wie auch Dinosaurier sind Wandertiere.

Eoraptor   **Struthiomimus**   **Corythosaurier**   **Triceratops**   **Tyrannosaurus rex**

Register

Hier findest du die Namen der Dinosaurier und andere wichtige Begriffe mit der Seitenzahl, unter der sie zu finden sind.